Maria Sigma

WEBEN FÜR KIDS

Kinderleichte Projekte mit selbstgemachten Webrahmen

Impressum

Die Originalausgabe ist unter dem Titel „Weave it“ erschienen bei: Schiffer Publishing, Ltd. 4880 Lower Valley Road, Atglen, PA 19310. www.schifferbooks.com

Produced by BlueRed Press Ltd. 2020
Designed by Insight Design Concepts Ltd.

Für die deutsche Ausgabe:
Verantwortlich: Meike Lembeck
Produktmanagement: Dr. Katrin Korch
Übersetzung aus dem Englischen: Dr. Katrin Korch
Korrektorat: Dr. Katrin Korch
Lektorat: Anne Köhler
Satz: Martin Jablonka
Umschlaggestaltung: Leeloo Molnar
Herstellung: Kathleen Baumann
Printed in Malaysia

★★★★★

Sind Sie mit diesem Titel zufrieden? Dann würden wir uns über Ihre Weiterempfehlung freuen. Erzählen Sie es im Freundeskreis, berichten Sie Ihrem Buchhändler oder bewerten Sie beim Onlinekauf. Und wenn Sie Kritik, Korrekturen oder Aktualisierungen haben, freuen wir uns über Ihre Nachricht an Christophorus Verlag, Postfach 40 02 09, D-80702 München oder per E-Mail an lektorat@verlagshaus.de.

Unser komplettes Programm finden Sie unter

www.christophorus-verlag.de

In diesem Buch wird aus Gründen der besseren Lesbarkeit das generische Maskulinum verwendet. Weibliche und anderweitige Geschlechteridentitäten werden dabei ausdrücklich mitgemeint, soweit es für die Aussage erforderlich ist.

Die Deutsche Nationalbibliothek verzeichnet diese Publikation in der Deutschen Nationalbibliografie; detaillierte bibliografische Daten sind im Internet über http://dnb.d-nb.de abrufbar.

ISBN 978-3-8411-0227-0

Kreativ-Service

Sie haben Fragen zu den Büchern und Materialien? Frau Erika Noll ist für Sie da und berät Sie rund um alle Kreativthemen. Rufen Sie an! Wir interessieren uns auch für Ihre eigenen Ideen und Anregungen. Sie erreichen Frau Noll per E-Mail: **mail@kreativ-service.info** oder **Tel.: +49 (0) 5052 / 9118 58**

Besuchen Sie uns im Internet: **www.christophorus-verlag.de**

Inhalt

Einleitung

Vor zehn Jahren habe ich zu Hause in Athen mit einem selbst gebastelten Webrahmen angefangen zu weben. Damals drehte sich alles um die Farben. Ich verbrachte viele Stunden damit, Farben, Garne und Farbtöne aufeinander abzustimmen, bis ich schließlich eine neue Art „zu malen“ entdeckte.

Seitdem ist Weben für mich eine aufregende Möglichkeit, mit Farben zu spielen. Als ich in London mein Studium beendete, lernte ich, einen Webstuhl zu benutzen und verschiedene Webarten umzusetzen. Und ich habe festgestellt, wie viel Spaß es mir macht, mit unterschiedlichen Materialien zu spielen.

In diesem Buch findest du witzige Webprojekte, die ich als Kind auch gerne gemacht hätte. Du lernst dabei die Grundlagen des Handwebens und wirst ermuntert, deinen ganz eigenen Webstil zu entwickeln. Ich möchte dir auch die aufregende Kunst des Upcyclings vorstellen.

Für meine Projekte brauchst du keine Künstlerutensilien – alles was du brauchst, ist dieses Buch und deine eigene, wilde Fantasie!

Du bestimmst

Wenn du neue Webtechniken erkundest, denke daran, dass alles dir selbst überlassen ist. Es gibt kein Richtig oder Falsch. Wenn dir gefällt, was du gemacht hast, ist es perfekt!

Scheue dich nicht, für die Projekte deine eigenen Wege zu suchen, wenn dir etwas nicht liegt. Du kannst Teile hinzufügen oder weglassen und so jedes Stück nach deinem eigenen Stil und Geschmack ganz individuell gestalten.

Am wichtigsten ist, dass du Spaß dabei hast! Genieße den Prozess, etwas grundlegend zu gestalten – lass dich nicht vom Gedanken an das Ergebnis aus der Ruhe bringen. Wenn etwas nicht passt oder dir nicht gefällt, löse es wieder auf und probiere es erneut.

Verliere also nicht den Mut, wenn du einen Fehler machst. Fang einfach noch mal an!

HINWEIS FÜR DIE ELTERN

Weben ist eine tolle Möglichkeit für Kinder zu entspannen – es ist eine fantastische Art, nach der Schule zur Ruhe zu kommen oder allein (oder mit Freunden) einen kreativen Tag zu Hause zu verbringen. Handarbeiten wie das Weben sind mit ihren repetitiven Handlungen ein wunderbarer Gegenpol zum Stress und den Belastungen des modernen Lebens.

Mit diesem Buch können Kinder nicht nur einige wirklich tolle Projekte anfertigen, zudem ist das Weben an sich eine wunderbare Lernaktivität. Dabei können Kinder Muster und Stoffe entdecken, mit Farben spielen und die Feinmotorik und Koordination verbessern. Mithilfe dieses Buchs können sie nachhaltige Designs entwerfen und damit ein Gespür für die Umwelt entwickeln und ausbauen.

Zero-Waste-Weben

Mein Zugang zum Handarbeiten gründet auf der Vorstellung, auf der Basis von Zero Waste schöne, einfache und funktionale Stoffe und Objekte zu entwerfen. Zero-Waste-Design ist keine Spielerei, es ist für unseren Planeten lebenswichtig. Schon gewusst? Ungefähr 15 Prozent aller Stoffe, die von der Modeindustrie verarbeitet werden, landen im Müll. Das ist nur ein Bereich, mit dem die massenhafte Fast-Fashion-Industrie unsere Umwelt belastet. Wir müssen umweltbewusster werden und über neue Wege nachdenken, was wir mit Abfällen machen können, sowie neue Techniken für die Herstellung von Produkten entwickeln.

Aber was ist Zero-Waste-Design? Und ist es wirklich so neu? Beim Zero-Waste-Design werden Kleidungsstücke und Dekoobjekte mit möglichst wenig Abfällen hergestellt, sodass am Ende nichts auf der Müllkippe landet.

Die Philosophie lässt sich mit den drei Rs zusammenfassen: reduce, reuse, recycle (reduzieren, wiederverwenden, recyceln). Wir versuchen, recycelte Materialien zu nutzen und Material wiederzuverwenden, das ansonsten auf dem Müll landen würde.

Zero Waste ist eine sonderbare Bezeichnung, aber eigentlich eine alte Philosophie. Schon immer haben Menschen davon aus verschiedenen Gründen Gebrauch gemacht. Funktionsorientiertes Design bedeutet, dass Menschen in Zeiten der Not, insbesondere in Kriegszeiten, Material wiederverwenden und recyceln. Historisch betrachtet, haben Frauen oft neue Kleidungsstücke aus gebrauchten angefertigt. Tatsächlich passen die Ideen des traditionellen Quiltens, Strickens und Nähens zu Hause sehr gut zur heutigen Zero-Waste-Bewegung.

In diesem Buch möchte ich verschiedene Möglichkeiten aufzeigen, wie man mit dieser umweltfreundlichen Philosophie schöne Dinge anfertigen kann. Indem wir Alltagsmaterialien verwenden, die ansonsten im Müll landen würden, können wir schöne und fantasievolle Dinge kreieren, die ästhetisch ansprechend und gleichzeitig sehr umweltschonend sind.

Material und Techniken

GRUNDLAGEN DES WEBENS

Weben ist eine Methode der Textilfertigung, bei der zwei verschiedene Arten von Garnen oder Fäden im rechten Winkel miteinander verflochten werden, um einen Stoff oder ein Kleidungsstück anzufertigen. Meist geschieht das auf einem **Webrahmen**.

Webrahmen

Ein Webrahmen ist ein hölzernes Gerät oder ein Rahmen, auf dem durch das Verweben von horizontalen und vertikalen Fäden ein Stoff entsteht. Es gibt Webrahmen in vielen verschiedenen Größen – vom kleinen Rahmen, den man in der Hand hält, bis hin zu frei stehenden Handrahmen und großen automatischen, mechanischen Geräten.

Je nachdem, was man weben möchte, eignen sich unterschiedliche Webrahmen. In diesem Buch werden wir für die meisten Projekte drei verschiedene Arten von Webrahmen verwenden, für einige braucht man auch gar keinen.

Auf Webrahmen können ganz einfache Webarbeiten, aber auch komplexere Webteppiche gefertigt werden. Die befestigten Fäden werden um Kerben (oder „Zähne“) gespannt, die sich in kleinen, gleichmäßigen Abständen auf dem Rahmen befinden.

Man kann fertige Webrahmen in unterschiedlichen Größen und Formen kaufen – rechteckige, quadratische oder runde – so wie meinen auf Seite 16. Aber man kann sich auch selbst einen anfertigen! Folge der Schritt-für-Schritt-Anleitung auf den Seiten 10–15 und verwende dafür Material, das du zu Hause hast.

Die Aufgabe des Rahmens ist, lange (vertikale) Fäden, die sogenannten **Kettfäden**, auf Abstand und unter Spannung zu halten, damit darüber horizontale **Schussfäden** gewebt werden können.

Kettfaden

Dies sind befestigte Fäden, die längs auf dem Webrahmen verlaufen (hoch und runter) und immer unter Spannung gehalten werden (in anderen Worten festgezogen). Auf diesen Fäden webst du.

Da der Kettfaden auf dem Rahmen gespannt wird, sollte er fest sein, aber nicht zu dick oder zu dünn. In den meisten Fällen reicht ein einfacher Baumwollfaden.

Schussfaden

Mit dem Schussfaden wird horizontal (von einer Seite zur anderen) gewebt. Dabei wird er abwechselnd unter und über dem Kettfaden geführt. Der Schussfaden kann alles Mögliche sein: Garn, Fasern oder Stoff bis hin zu gleichmäßigem Treibholz oder Muscheln. Ich verwende gerne verschiedene Garne aus Naturfasern und/oder upgecycelte Materialien – einige dickere, dünnere und solche mit interessanten Strukturen. Es geht darum, unterschiedliche Elemente einzusetzen – das macht das Weben spannend.

Man kann den Schussfaden mit einer Tapisserienadel, einem Schiffchen oder einer Holzspule einarbeiten – jeweils in unterschiedlicher Größe, wie ich es mache (vergleiche die Nadel auf Seite 16 mit der auf Seite 38). Oder benutze einfach deine Hände. Verwende einen Webkamm oder eine Gabel, um den Schussfaden nach unten zu schieben, damit der Stoff dichter wird

Ideen für den Schussfaden:
Garn aus Baumwolle/Wolle/Seide/Leinen/Jute
Baumwoll-/Wollfleece
Stoffreste
Strickgarn
Papier- und Filzstreifen
Zerschnittene Kissenbezüge
Streifen aus Plastiktüten
Bast
Kordeln und Schnüre
Bänder
Schnürsenkel
T-Shirt-Garn

Aus Umweltgründen nehmen wir keine kunststoffbasierten Materialien, aber es ist prima, wenn diese Materialien upgecycelt und nicht neu gekauft werden. Material wiederzuverwenden, das du zu Hause hast, ist billiger und besser für die Umwelt. Bei einigen Vorschlägen – wie Streifen aus Plastiktüten oder T-Shirt-Garn – heißt das, dass du dein Garn selber herstellst. Auf den Seiten 19–21 erfährst du, wie das geht.

In diesem Buch gehen wir mit einem künstlerischen Ansatz an die Projekte heran. Wir brechen einige Regeln, konzentrieren uns auf Upcycling-Materialien und haben dabei eine Menge Spaß!

Einen eckigen Webrahmen bauen

Material
Baumwollschnur
Offener Rahmen (Keilrahmen, alter Bilderrahmen oder Rahmen von einem alten Spiegel)
Bleistift
Lineal oder Maßband
Schere

Ich habe einen alten Bilderrahmen verwendet.

1 Entferne das Glas und die Rückwand aus dem Rahmen, sodass nur der äußere Rahmen übrig bleibt.

2 Markiere mit Lineal oder Maßband und Bleistift gleichmäßige Abstände an der Oberseite des Rahmens, gut sind 1,3 cm.

3 Wiederhole das an der gegenüberliegenden Kante.

4 Wickele das Ende der Schnur um die erste Markierung an der unteren linken Ecke und befestige sie mit einem Doppelknoten.

5 Führe die Schnur von unten nach oben um die gegenüberliegende (erste) Markierung auf der oberen Kante des Rahmens und dann an der unteren Kante wieder von unten nach oben um die zweite Markierung. Fahre so fort, folge dabei den Bleistiftmarkierungen und lege die Schnur wie eine Acht um die Rahmenkanten, bis du zur rechten Seite kommst. Die Schnüre sollen sich in der Mitte des Rahmens kreuzen.

6 Schneide nun die Schnur ab und sichere sie an der letzten Bleistiftmarkierung mit einem Doppelknoten.

> **Tipp**
> Achte darauf, dass die Spannung fest, aber nicht zu fest, und gleichmäßig ist, bevor du die Schnur verknotest.

7 Führe eine Schnur an der Stelle, wo sich die Kettfäden kreuzen, zwischen diesen hindurch.

8 Schiebe diese Schnur nach oben an die Rahmenkante und verknote sie auf beiden Seiten. Du merkst gleich, dass die Spannung fester wird. Wenn du jetzt einen Trennstab einschiebst – so wie ich auf Seite 55 –, trennen sich die oberen und unteren Kettfäden und das Weben geht leichter!

9 So sieht dein Webrahmen jetzt aus. Beachte, dass sich die Fäden über dem längs verlaufenden Faden kreuzen. Die Kettfäden werden gleichmäßig getrennt und man kann die obere Lage der Kettfäden deutlich von der unteren Lage unterscheiden.

Was kann man auf einem selbst gebauten eckigen Webrahmen weben?

Ein paar Vorschläge:

- Lesezeichen
- Täschchen
- Kissenbezug
- Stiftemäppchen
- Topflappen und Tischsets
- Schals
- Wandbehänge

Einen runden Webrahmen bauen

Material
Stickring
Baumwollschnur
Schere

Ich habe hier einen üblichen Stickring mit 25,5 cm Durchmesser verwendet. Diese Form bzw. diese Art von Ring ist – offensichtlich – am besten für runde Projekte geeignet, wie zum Beispiel für das Tischset „Schnecke" auf Seite 64 und den Wandbehang „Sonne" auf Seite 67.

1 Nimm den äußeren Ring vom Stickring ab. Befestige die Schnur mit einem Doppelknoten am inneren Ring, lass dabei ein kurzes Fadenende stehen.

Ziehe die Schnur gerade nach unten zur gegenüberliegenden Kante des Stickrahmens und führe sie von unten nach oben um die Kante.

2 Spanne im nächsten Schritt die Schnur über die Vorderseite des Stickrahmens, zur etwa 2,5 cm vom Anfang entfernten Stelle. Führe die Schnur von oben nach unten um die Kante und fahre so fort. Achte darauf, dass du die Schnur in jeweils etwa 2,5 cm Abstand um den Rahmen wickelst und dass du sie straff ziehst, damit sie nicht verrutscht und sie sich nicht verheddert.

3 Die einzelnen Kettfäden sollen sich immer in der Mitte kreuzen.

4 Mache weiter, bis der Rahmen komplett bespannt ist. Schneide die Schnur etwa 2,5 cm lang ab.

5 Wickele das Ende der Schnur, bevor du sie um den Rahmen legst, ein paar Mal um die Mitte, um alle Fäden zusammenzuhalten. Führe sie dann nach oben zum Anfangsfaden und verknote die Enden miteinander.

6 Lege den äußeren Stickring wieder um den inneren: So fixierst du die Kettfäden.

Die Kettfäden sind nun auf deinem Stickrahmen gesichert und es kann mit dem Weben losgehen!

Was kann man auf einem selbst gebauten runden Webrahmen weben?

Ein paar Vorschläge:

- Kissenbezug
- Tischsets
- Topflappen
- Wandbehänge

Einen Webrahmen aus Pappe bauen

Material
1 Stück feste Pappe
Bleistift
Lineal
Baumwollschnur
Klebeband, Schere

Hinweis
Das Weben auf einem Papp-Webrahmen macht Spaß und geht leicht. Du wirst staunen, was du nur aus einem Stück Pappe und ein paar Garnresten machen kannst. Der Vorteil von einem Papp-Webrahmen ist, dass du ihn so groß oder klein machen kannst, wie du willst. Wenn du damit einen Wandbehang weben möchtest, muss du außerdem die Pappe danach nicht entfernen. Du kannst den Wandbehang damit aufhängen – oder einrahmen. Male die Pappe in deiner Lieblingsfarbe an!

1 Zeichne mit Bleistift und Lineal die gewünschten Maße für den Webrahmen auf die Pappe und schneide ihn dann aus.

2 Zeichne mithilfe des Lineals an einer Kante in gleichmäßigen Abständen Markierungen auf. Es können beliebig viele Markierungen sein, aber die Abstände dazwischen müssen gleich groß sein. Wiederhole dies auf der gegenüberliegenden Seite.

3 Ziehe auf beiden Seiten jeweils 0,5 cm unterhalb der Kante eine Linie.

4 Schneide für die „Zähne“ auf beiden Seiten die Markierungen längs ein.

5 Jetzt wird der Kettfaden gespannt. Führe dafür das Fadenende auf einer Seite des Webrahmens in den ersten Schlitz und befestige ihn mit einem Doppelknoten am ersten „Zahn“.

6 Führe die Schnur auf der Vorderseite des Webrahmens zum gegenüberliegenden Schlitz an der Unterkante und dort auf der Rückseite um den zweiten „Zahn“ wieder nach vorne.

7 Spanne den Faden auf der Vorderseite des Webrahmens wieder zum zweiten Schlitz an der Oberkante und führe ihn auf der Rückseite um den dritten „Zahn“. Fahre fort, bis alle Schlitze durchlaufen sind.

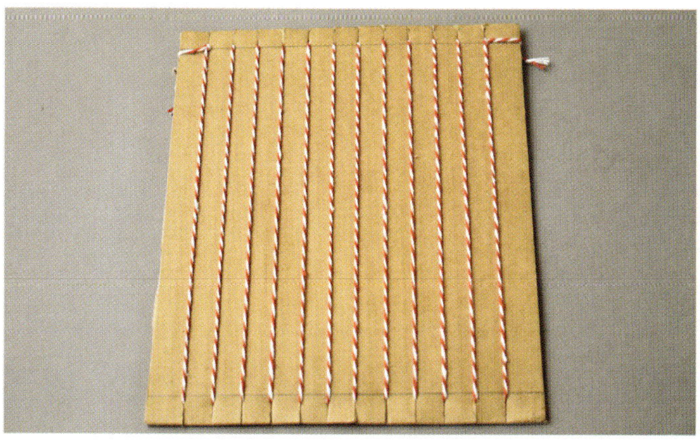

8 Schneide den Faden ab und befestige ihn mit einem Doppelknoten am letzten „Zahn“.

Was kann man auf einem Papp-Webrahmen weben?

Ein paar Vorschläge:

- Kissenbezug
- Lesezeichen
- Topflappen und Tischsets
- Schals
- Wandbehänge

Wie man webt

1 Fädele zunächst einen 30–60 cm langen Faden in die Nadel. Es gibt viele Websets für Hobby-Weber wie dieses hier. Teil davon ist entweder eine Nadel oder ein Webschiffchen aus Holz. Beide haben ein großes Öhr. Mit dem Schiffchen kann man auch die Schussfäden fest zusammenschieben.

2 Beginne an der Unterkante des Webrahmens und führe die Nadel über den ersten Kettfaden, dann unter dem zweiten hindurch, über den dritten, unter den vierten und so weiter bis zur anderen Seite des Rahmens.

Tipp

Die Fäden verheddern sich nicht so schnell, wenn dein Webprojekt maximal 60 cm breit ist.

3 Ziehe den Faden durch die Kettfäden, bis am Anfang nur noch ein kurzes Stück übersteht. Es wird später verwebt.

Hinweis

Dies ist deine erste Schussfadenreihe. Du hast den Schussfaden über die ungeraden und unter den geraden Kettfäden hindurch geführt.

4 Schiebe den Faden mit den Fingern nach unten zur Kante des Rahmens.

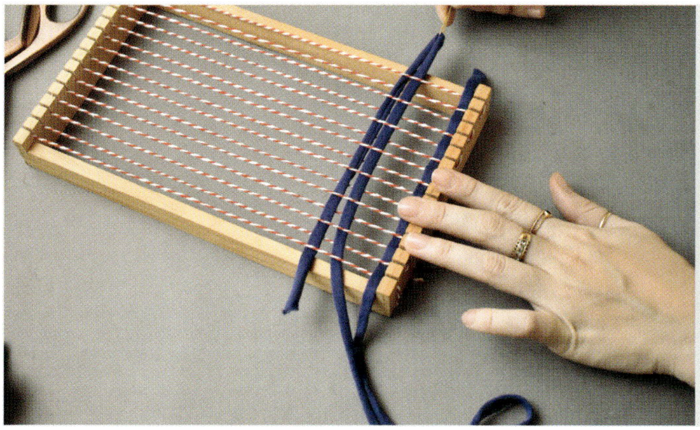

5 Wo die vorherige Reihe endet, geht es nun weiter. Führe den Faden über die geraden und unter den ungeraden Kettfäden hindurch – andersherum als in der ersten Reihe.

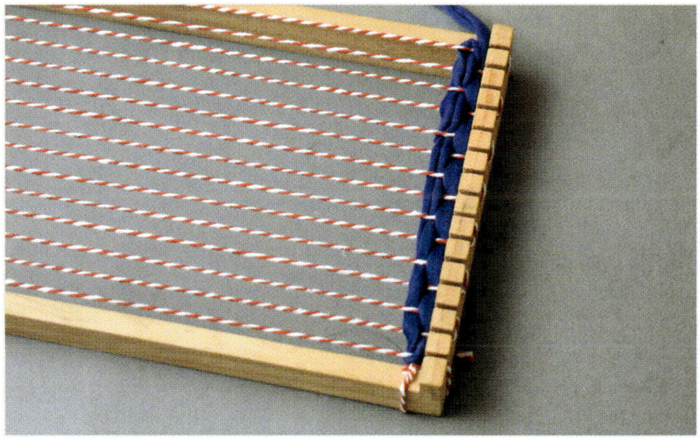

6 Verwebe das Fadenende mit den Fingern über der zweiten Reihe, bevor du mit der dritten beginnst.

7 Wiederhole die Schritte 2 und 4 so lange, bis der Faden verarbeitet ist. Höre an einer Kante auf und lasse das Ende dort locker überhängen.

Nicht vergessen

Bevor du mit einem neuen Faden die nächste Reihe webst, muss das Fadenende über der letzten Reihe verwebt werden – verfahre wie in Schritt 5.

Jetzt kannst du mit demselben oder mit einem anderen Garn weiterweben – wiederhole dafür die Schritte 2–7.

Fransen hinzufügen

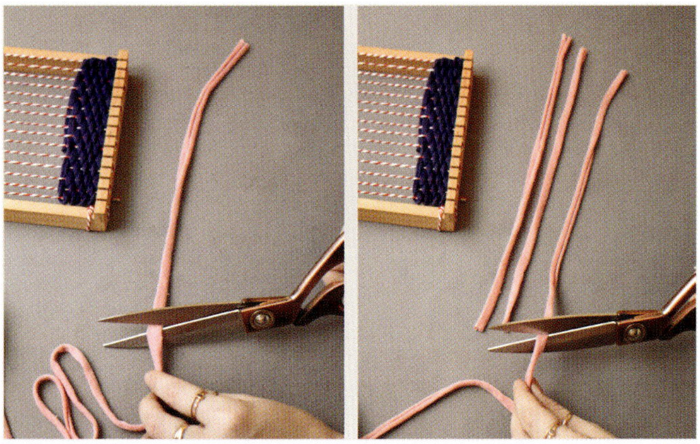

1 Schneide als Erstes ein paar Stücke Garn zu. Sie sollten doppelt so lang wie die gewünschten Fransen sein.

2 Nimm bis zu fünf Garnstücke (je nach Stärke des Garns) und führe sie mittig unter den beiden ersten Kettfäden hindurch.

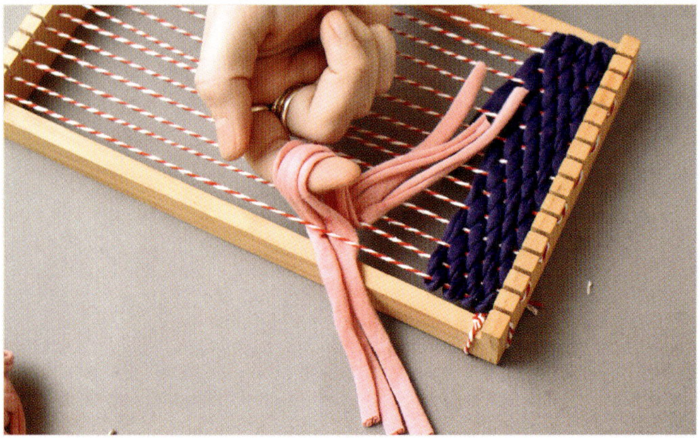

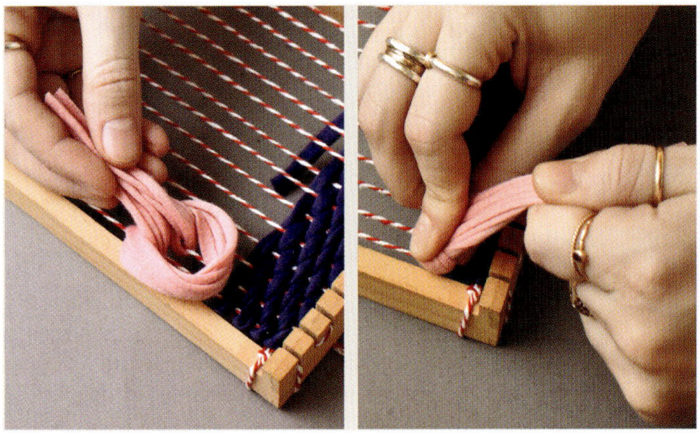

3 Schiebe einen Finger mittig unter die Garnstücke zwischen den beiden Kettfäden, und ziehe sie hoch, sodass sich eine Schlaufe bildet.

4 Führe die Garnenden durch die Schlaufe und ziehe sie fest.

5 Schiebe die Franse nach unten und wiederhole den Vorgang über die Breite des Webrahmens hinweg.

Du kannst mit den Farben und Längen der Fransen spielen, je nachdem, welchen Effekt du damit erzeugen möchtest.

Webgarn aus Plastiktüten herstellen

Material
Dünne Plastiktüten und Schere
Langes Lineal, am besten aus Metall

Aus alten Plastiktüten kann man auf unterschiedliche Weise Webgarn herstellen, das geht ganz leicht.

Tipp
Schneide dir am besten zwischen 12,5–25,5 mm breite Streifen zu oder arbeite nach Augenmaß. Wahrscheinlich werden dann nicht alle Streifen ganz gerade, aber das macht nichts, wenn es dich nicht stört.

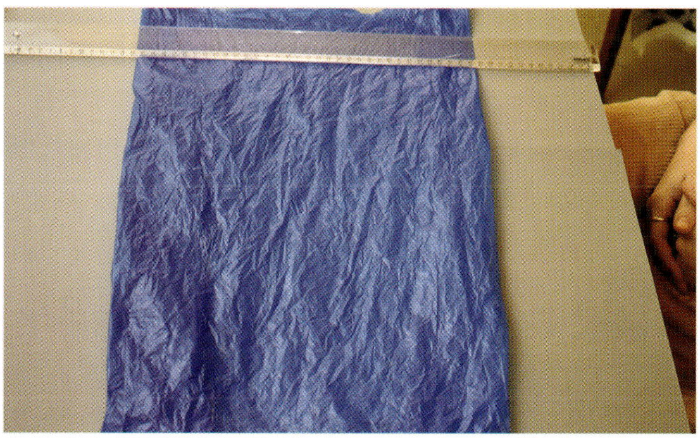

1 Lege zunächst die Plastiktüte flach hin, sodass die seitlichen Kanten gerade und die Tragegriffe oben sind. Jetzt sollte ein flaches Rechteck vor dir liegen.

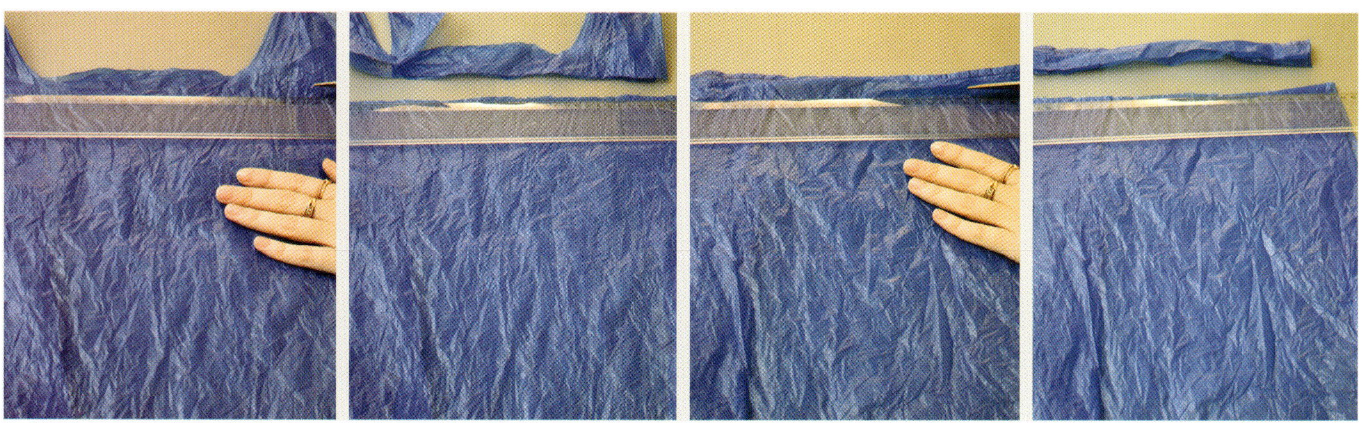

2 Schneide oben die Griffe und unten die Nahtkante ab. Verwende dafür ein langes Lineal, am besten aus Metall, damit die Kanten gerade werden.

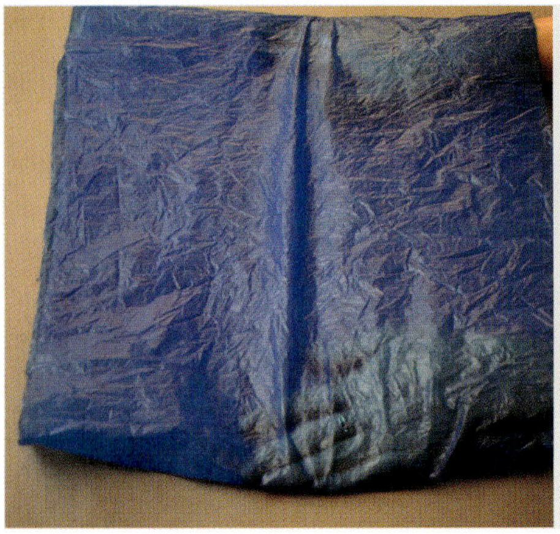

3 Ziehe die Tüte mit den Händen auseinander. Drehe sie so, dass die geschlossenen Seiten oben und unten liegen. Falte die Tüte dann zweimal von unten nach oben bis 2,5 cm unter die obere Kante.

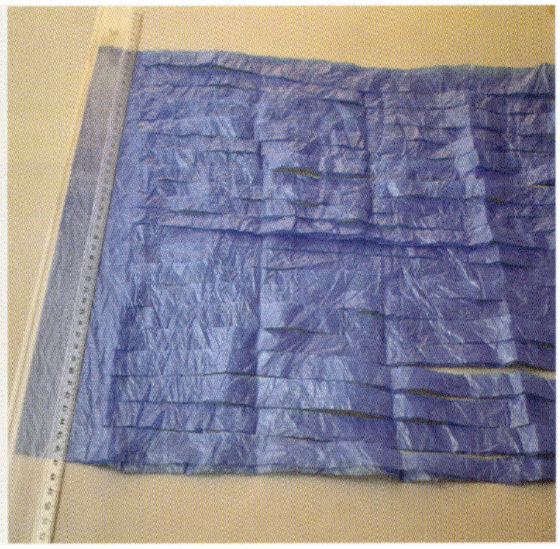

4 Schneide die Tüte von unten nach oben in gleichmäßig breite Streifen. Lasse dabei die 2,5 cm oben intakt – hier auf dem Foto liegt das Lineal darauf. Falte dann die Tüte wieder auf.

Tipp
Schneide die obere Lage der unten liegenden Schlaufe schräg ein, damit aus den einzelnen Schlaufen ein durchgehender Plastikstreifen entsteht.

5 Jetzt müssen wir aus der zerschnittenen Tüte noch einen durchgehenden Streifen anfertigen. Das geht leichter als es aussieht, aber du musst dich etwas konzentrieren. Schneide die obere Lage der ersten Schlaufe wie auf dem Foto schräg ein.

Tipp
Mit derselben Methode kannst du Garn aus einem alten T-Shirt, einer alten Tasche oder einem alten Kissenbezug herstellen. Diese Methode eignet sich für alles, was eine Schlauchform hat.

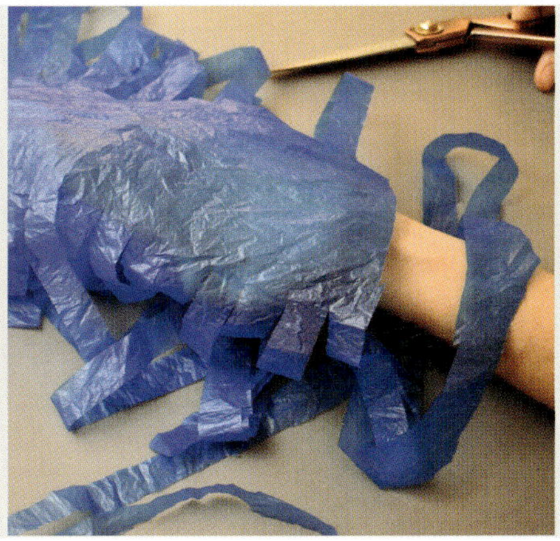
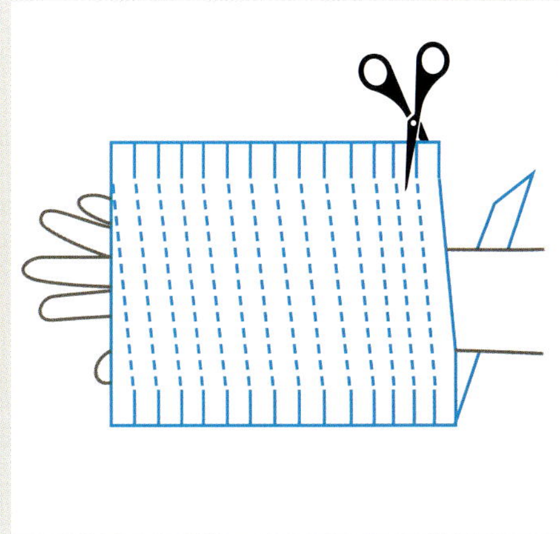

6 Schiebe deinen Arm in die Tüte und öffne sie, sodass der ungeschnittene Streifen oben liegt. Positioniere ihn so auf deiner Hand, dass du ihn von den geschnittenen Streifen trennst. Schneide die Tüte dann entsprechend den gepunkteten Linien von oben nach unten auf.

7 Fahre auf diese Weise fort, bis aus der Tüte ein einziger zusammenhängender Streifen entstanden ist. Vielleicht brauchst du ein oder zwei Versuche, bis du es raus hast. Aber es ist eigentlich ganz einfach.

8 Wickele den Plastikstreifen zu einem Knäuel auf. Jetzt kannst du damit weben!

1. Stifteköcher aus einem Pappbecher

Material
Ein Pappbecher
Strickgarn in 2–4 Farben
Schere

Freies Weben ist eine einfache Möglichkeit, ohne Rahmen zu weben. Mit Alltagsgegenständen kann man wirklich witzige Dinge anfertigen. Hier haben wir einen Pappbecher in einen hübschen Stifteköcher verwandelt. Du kannst dafür einen bedruckten oder einen einfachen weißen Pappbecher verwenden, den du vor dem Weben noch verzierst – so wird dein Stifteköcher wirklich einzigartig.

Alltagsgegenstände, die man zu Hause hat, können mit etwas Geschick und Fantasie zu nützlichen, hübschen Gegenständen werden. Fang mit einem einfachen Pappbecher an …

1 Schneide den Pappbecher in sieben gleichmäßige Abschnitte ein. Die Schlitze können bis zum Becherboden reichen. Ich habe unten einen 2,5 cm breiten Rand stehen lassen, weil ich wollte, dass man ihn später noch sieht.

2 Knote das Ende des ersten Fadens, aus dem du den unteren Streifen fertigen möchtest, um einen der zugeschnittenen Abschnitte.

Tipps

- Ziehe den Faden nicht zu fest, damit sich der Becher nicht verformt.
- Schiebe die gewebten Reihen regelmäßig nach unten, sodass keine freien Zwischenräume sichtbar sind.

3 Webe ein paar Reihen um den Becher, führe dabei den Faden immer abwechselnd unter und über die Abschnitte. Schon bald entsteht der erste Farbstreifen.

4 Wenn das Garn aufgebraucht ist oder du die Farbe wechseln möchtest, knote einfach einen neuen Faden an. Schneide den Faden ab, verknote die Enden auf der Innenseite des Bechers und webe dann weiter.

5 Fahre fort zu weben und die Farben zu wechseln, bis du zum Becherrand gelangst.

6 Wenn du fertig bist, verknote den Faden mit einem Doppelknoten innen am Becher. Schneide den Faden ab und verwebe ihn auf der Innenseite.

Fertig! Du hast dir einen hübschen Behälter für deine Stifte gebastelt.

2. Körbchen aus einem Pappteller

Material
Ein Pappteller
Strickgarn in 2-4 Farben
Schere

Jeder braucht Körbchen für den ganzen Krimskrams, der auf unseren Schreibtischen herumliegt. Ob für Glasmurmeln oder Bastelutensilien, Radiergummis oder Memorysticks – dieses Körbchen ist schnell aus einem Pappteller gemacht. Auch dieses Projekt wird frei gewebt, sodass man kein besonderes Zubehör dafür braucht. Verwende am besten Strickgarn in Farben, die zur Einrichtung deines Zimmers passen.

Kaum ein Projekt könnte einfacher als dieses sein. Lege nichts Feuchtes oder Klebriges in das Körbchen!

1 Schneide eine ungerade Anzahl von Streifen in den Tellerrand, die Einschnitte müssen alle gleich tief sein. Ich habe meinen Teller in neun gleich breite Abschnitte unterteilt. Lass in der Mitte ein rundes Stück intakt.

2 Vergrößere die Einschnitte zu schmalen, gleich breiten „Vs".

3 Wickele das Garnende des ersten Fadens um einen der Streifen und befestige ihn mit einem Doppelknoten.

4 Webe ein paar Runden und schneide den Faden dann ab. Verknote ihn mit dem nächsten Faden.

5 Wiederhole Schritt 4, bis du den Rand des Papptellers erreichst. Es entstehen so gewebte Streifen in unterschiedlichen Farben.

6 Schneide lange Fadenenden zurück und verstecke sie zwischen den verwebten Fäden, indem sie du mit den Fingern dazwischenschiebst.

Und schon ist dein neues Körbchen fertig!

3. Armband aus Strohhalmen

Material
Baumwollschnur
Strickgarn in 2 Farben
2 Papierstrohhalme
Schere

Aus Papierstrohhalmen kann man coole Freundschaftsarmbändchen basteln, das geht schnell und leicht. Stelle gleich ganz viele davon her und verteile sie an alle deine Freundinnen und Freunde.

Dies ist wirklich ein tolles Projekt! Umwickele Strohhalme mit vielen verschiedenen Farben. So ein Armband ist ein wunderbares Geschenk für deine beste Freundin!

1 Ziehe die Baumwollschnur durch den Strohhalm und schneide sie so ab, dass an beiden Enden etwa 6 cm überstehen. Wiederhole das mit dem zweiten Strohhalm.

2 Verknote die Enden der beiden Schnüre auf einer Seite.

3 Befestige die zwei verschieden farbigen Garnfäden an diesem Knoten.

4 Webe mit den beiden Garnfäden, indem du sie abwechselnd von oben nach unten um die nebeneinanderliegenden Strohhalme führst.

5 Fahre fort, bis das gewebte Strohhalmstück um deine Hand passt.

6 Wenn du fertig bist, ziehe die Strohhalme vorsichtig heraus. WICHTIG: Halte dabei das Webstück mit den Fingern fest, sodass es in Form bleibt.

7 Schneide das überstehende Garn ab, sodass es noch lang genug zum Verknoten ist.

8 Verknote auf beiden Seiten die Baumwollschnur mit dem Webgarn.

Ein wunderbares Armband für dich oder ein Geschenk für eine spezielle Freundin - bastele für euch beide das gleiche!

4. Schmetterling aus Eisstielen

Material
2 Perlen
2 Eisstiele aus Holz
Strickgarn/Baumwollschnur/
Bändchen in 2 Farben
Schere
Draht

Aus nur zwei Eisstielen kannst du einen lustigen Schmetterling basteln und damit Farbe in dein Zimmer bringen. Verwende Farben, die gut zu deiner Einrichtung passen. Warum bastelst du nicht ganz viele Schmetterlinge und lässt sie in deinem Zimmer herumfliegen?

Mit diesen Schmetterlingen kannst du dein Zimmer richtig aufpeppen. Hänge ein paar an deinen Lampenschirm – dabei sollte dir ein Erwachsener helfen – oder befestige sie an der Wand oder den Vorhängen!

1 Halte die Eisstiele so fest, dass sie eine X-Form bilden. Wickele dann das dünnere Garn, die Schnur oder das Bändchen um die Stelle, an der sich die Stiele kreuzen, um sie zu fixieren.

Tipp

Verknote die Garn-, Schnur- oder Bändchenenden miteinander und lasse sie etwas überstehen.

2 Wenn du die Stiele gut mit Garn fixiert hast, beginne auf einer Seite mit dem Weben. Führe den Faden jeweils von oben nach unten um die Stiele.

3 Wiederhole Schritt 2 auf der anderen Seite, bis beide Seiten gleich weit mit Garn umwickelt sind.

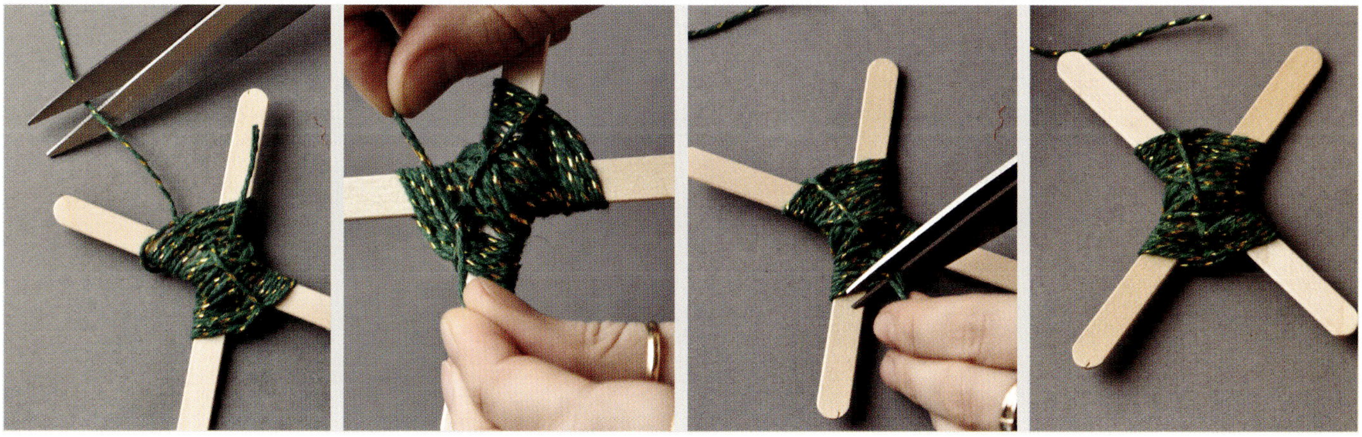

4 Wenn ungefähr die Hälfte der Stiele bedeckt ist, schneide den Faden ab und verknote ihn mit dem Fadenende, das du anfangs überstehen gelassen hast.

5 Knote den Faden der nächsten Farbe an einem der Stiele fest und umwebe damit die erste Seite des Schmetterlings.

Tipp

Lasse den Anfangsfaden der neuen Farbe etwas länger stehen, damit du ihn zum Schluss mit dem Fadenende verknoten kannst.

6 Schneide den Faden ab und verknote die Enden miteinander.

7 Mache dasselbe auf der anderen Seite. Achte darauf, dass du beide Seiten gleich weit umwickelst.

8 Biege den Draht auseinander. Je nach Stärke musst du ihn doppelt oder dreifach nehmen oder mehrmals falten. Wickele ihn dann um die Mitte des Schmetterlingskörpers.

9 Verdrehe die Drahtenden über eine Länge von etwa 13 mm miteinander.

10 Stecke nun eine Perle als Auge auf ein Drahtende. Biege den Draht an der Perle um und verdrehe ihn darunter.

11 Wiederhole Schritt 10 am anderen Drahtende. Biege die Fühler in Form.

Du kannst diese wunderbaren Schmetterlinge an deine Lampenschirme oder Gardinenstangen hängen oder an die Vorhänge stecken.

5. Weben auf Zweigen

Material
Ein v-förmiger Zweig
Strickgarn/Baumwollschnur/Bändchen/Seil in 2 Farben
Schere

Lass dich von der Natur inspirieren! Bastle aus Naturmaterial richtig schöne Sachen. Sie können so klein oder so groß sein, wie es dir gefällt, aber übernimm dich am Anfang nicht! Achte darauf, dass der Zweig fest genug ist, damit er die Spannung durch die Fäden aushält.

Wenn ihr keine eigenen Bäume habt, kannst du im Park oder im Wald nach Zweigen suchen, die durch den Wind von den Bäumen gefallen sind. Oder suche in der Nachbarschaft. Vor allem im Herbst stehen die Chancen nicht schlecht, dass jemand seine Bäume beschneidet und sich freut, wenn du ihm einige Zweige abnimmst.

1 Verknote das Ende der Schnur unten an der Gabelung des Zweigs.

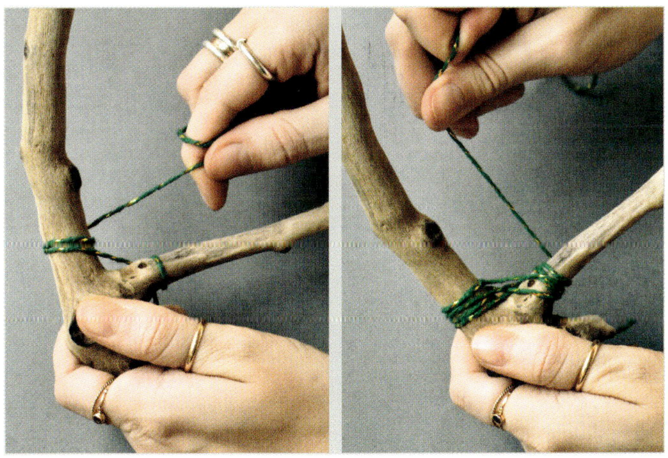

2 Führe den Faden jeweils von oben nach unten um die Zweigenden und ziehe ihn dabei immer fest.

Tipp
Wickele die Schnur nach einigen Webreihen immer wieder ein paar Mal fest um ein Zweigende, damit sie ganz fest sitzt und nicht verrutscht. Wiederhole das abwechselnd an beiden Zweigenden.

3 Fahre mit dem Weben fort, bis beide Zweigenden fast komplett bedeckt sind.

4 Wenn du am Ende des Zweigs angekommen bist, wickele den Faden ein paar Mal darum und verknote ihn dann.

5 Schneide einige Fäden vom Garn in der zweiten Farbe ab. Sie müssen doppelt so lang sein wie die Fransen, die damit gemacht werden.

6 Ziehe die Garnfäden zwischen den gewebten Schnüren am oberen Ende des Zweigs hindurch und verknote sie.

Jetzt ist der Zweig fertig bewebt!

Auf diese Weise kannst du eine Sammlung mehrerer kleiner Zweige anfertigen oder auch einen ganz großen.

6. Wandbehang „Wolke“

Material
Strickgarn in 2 Farben
Watte
Eckiger Webrahmen
Schere
Tapisserienadel
Kettfaden

Dies ist ein tolles Anfänger-Projekt für den eckigen Webrahmen. Es ist schnell gemacht und führt zu einem ganz ungewöhnlichen Ergebnis. Ich habe dafür Glitzergarn und zwei einfarbige Strickgarne verwendet, aber du kannst jedes beliebige Garn nehmen, das dir gefällt.

Wie wäre es mit einem einzigartigen Kunstobjekt für deine Wand? Diese Wolke ist etwas ganz Besonderes, die jedem, der sie sieht, sofort auffallen wird. Wundere dich also nicht, wenn du gefragt wirst: „Kannst du mir bitte auch so eine Wolke machen?“

1 Zuerst müssen die Kettfäden gespannt werden. Befolge dafür die Schritte auf Seite 16, bis der Webrahmen bespannt ist. Hier habe ich einen fertigen Webrahmen benutzt, der an den Enden Kerben („Zähne“) hat. Sie fixieren den Kettfaden.

2 Fädele einen etwa 60 cm langen Faden in die Nadel. Ich verwende hier ein hölzernes Webschiffchen anstelle einer Nadel.

3 Webe die erste Reihe und lasse ein Stück des Fadenendes stehen. Arbeite ungefähr sechs weitere Reihen und verwebe den Endfaden.

4 Füge nun wie auf Seite 18 beschrieben lange Fransen aus Garnen in zwei verschiedenen Farben und dem Kettfaden hinzu.

5 Fange nun an, mit der Watte zu weben. Fahre damit fort, bis eine hübsche, lockere Wolkenform entsteht.

6 Webe über der Wolke noch vier bis sechs Reihen mit dem Garn, das du als Kettfaden verwendet hast.

7 Schiebe die gewebten Kettfadenreihen mit den Händen nach unten, sodass sie am oberen Rand der Wolke anliegen

8 Wenn du fertig bist, lege die Fransen nach oben und nimm die Webarbeit vom Webrahmen, indem du die Schlaufen von den „Zähnen" an der Unterkante des Rahmens löst.

9 Wiederhole Schritt 8 oben am Webrahmen. Jetzt ist dein Webstück aus dem Rahmen gelöst.

10 Sichere das Webstück, indem du an den größeren Schlaufen ziehst. Hierdurch ziehen sich die kleinen Schlaufen zusammen und der Schussfaden wird fixiert. Verknote die Enden der Kettfäden möglichst dicht an der unteren Reihe. Befestige für die Aufhängung einen Faden auf der Rückseite. Jetzt kannst du die Wolke aufhängen.

TIPP

Lege die Schlaufen auf die Rückseite des Webstücks, dann kannst du sie zum Aufhängen verwenden.

7. Täschchen aus Plastikgarn

Material
Webgarn aus 2–3 Plastiktüten
Eckiger Webrahmen
Großer Knopf
Große Nähnadel
Schere
Tapisserienadel
Baumwollschnur für den Kettfaden

Dieses stylishe Täschchen ist schnell gemacht und preiswert. Du kannst also mehrere in unterschiedlichen Farben davon anfertigen und an deine Freunde verschenken.

Mit diesem Projekt kann man hervorragend bunte, dünne Plastiktüten recyceln und vor dem Müll bewahren. Es ist fantastisch, wenn man Materialien wiederverwenden kann, außerdem bleiben deine Siebensachen darin immer trocken. Das Täschchen ist umweltfreundlich, nützlich und preiswert zugleich!

1 Bespanne mit der Baumwollschnur den Webrahmen. Fädele sie dann in eine Tapisserienadel und webe fünf oder sechs Reihen damit. Denke daran, die Fadenenden am Anfang und Ende einzuweben.

2 Fädele Plastikgarn in die Nadel und webe damit ein paar Reihen.

Tipp

Vergiss nicht, den Schussfaden regelmäßig nach unten zu schieben.

3 Schneide den Plastikfaden ab und webe einige Reihen mit einer anderen Farbe.

4 Webe auf diese Weise mehrere Farbstreifen.

5 Webe zum Schluss wieder fünf bis sechs Reihen mit dem Baumwollgarn. Danach kannst du die Webarbeit aus dem Rahmen nehmen.

6 Schneide den am Rahmen verknoteten Kettfaden auf und löse vorsichtig die Schlaufen von den „Zähnen“.

7 Lege das Webstück mit der Rückseite nach oben hin und falte es mittig. Verschließe die Oberkante, indem du die gegenüberliegenden Schlaufen der Kettfäden miteinander verknotest. Wenn du fertig bist, dann schneide die Schlaufen auf – so entstehen hübsche Fransen.

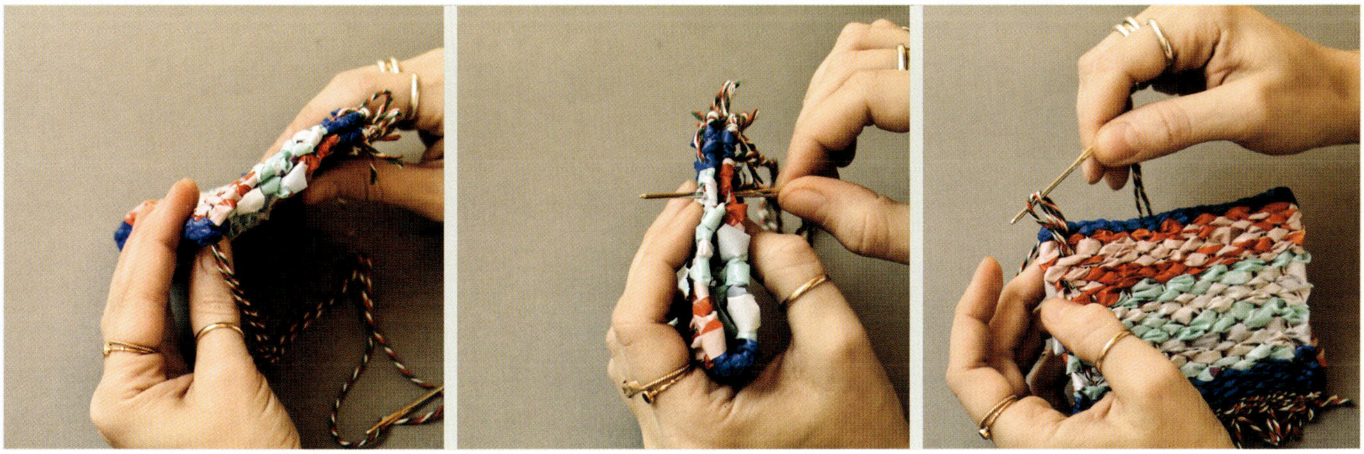

8 Jetzt wird eine Seite zugenäht. Fädele etwas Baumwollschnur in die Nähnadel und verknote die Fadenenden miteinander. Nähe dann die beiden Webränder zusammen, stich dafür mit der Nadel durch beide Weblagen und ziehe die Schnur hindurch. Fahre so fort, bis die Seite zusammengenäht ist.

9 Verknote am Ende den Faden, um ihn zu sichern. Ziehe ihn dann mit der Nadel ins Innere des Täschchens. Kürze den Faden, aber lass für später noch ein Stück davon hängen.

10 Nähe den Knopf an der oberen Kante mittig auf die Vorderseite.

11 Fädele ein langes Stück Baumwollschnur in die Nadel. Ziehe sie oben auf der Taschenrückseite durch die beiden mittleren Kettfäden und verknote sie dort. Das wird der Verschluss für den Knopf.

12 Ziehe den Faden oben auf der Rückseite unter zwei Kettfäden durch und ziehe die losen Enden durch die Schlaufe. Du schließt das Täschchen, indem du den Faden um den Knopf wickelst.

13 Damit du das Täschchen über den Arm oder wie eine Kette um den Hals hängen kannst, brauchst du ein langes Stück Baumwollschnur.

14 Fädele sie in die Nähnadel, stich damit in die obere rechte Ecke und verknote den Faden dort.

15 Wiederhole Schritt 14 an der oberen linken Ecke mit dem anderen Fadenende. Und schon ist dein Täschchen fertig. Viel Spaß damit!

8. Wandbehang mit Fransen aus T-Shirt-Garn

Material
T-Shirt-Garn in 4 Farben
Eckiger Webrahmen und Schere
Tapisserienadel
Baumwollschnur für den Kettfaden
Stöckchen oder kleiner Zweig zum Aufhängen

Wir haben alle Lieblingskleider, die nicht mehr passen, einen Riss haben oder verwaschen sind. Warum verwandelst du diese Kleidungsstücke nicht in ein Kunststück, an dem du dich immer erfreuen kannst? Dieses Projekt kannst du natürlich auch vergrößern, wenn du den Bogen erst einmal raus hast!

Mache aus deinen alten T-Shirts einen wunderschönen Wandbehang – aber sprich vorher mit deinen Eltern, ob sie nicht etwas Anderes damit vorhaben!

T-Shirt-Garn kann man auf dieselbe Weise wie Garn aus alten Plastiktüten herstellen. Die Anleitung findest du auf den Seiten 19–21.

1 Hierfür habe ich einen eckigen Webrahmen mit einem hölzernen Schiffchen benutzt. Spanne zuerst den Kettfaden und webe mit derselben Schnur fünf oder sechs Reihen.

2 Fertige aus deinen liebsten zwei T-Shirt-Garnen Fransen an – ich habe hier rotes und pinkes Garn kombiniert.

3 Webe mit einer der für die Fransen verwendeten Farbe ein paar Reihen.

4 Webe dann einige Reihen in einer anderen Farbe – diesmal habe ich mich für Grau entschieden.

5 Arbeite nun ein paar Reihen in der anderen Farbe, die du für die Fransen benutzt hast

6 Fahre so weiter fort und wiederhole die Streifenfolge in umgekehrter Reihenfolge.

7 Webe zum Schluss noch ein paar Reihen mit der Baumwollschnur, die du als Kettfaden verwendet hast, um das Webstück zu sichern.

> **Tipp**
>
> Denke daran, zuerst die Schnur an der Stelle, an der sie am Webrahmen verknotet ist, aufzuschneiden, bevor du die Schlaufen von den „Zähnen" löst.

8 Löse die Schlaufen oben und unten von den „Zähnen" und nimm das Webstück aus dem Rahmen.

9 Sichere den unteren Schussfaden, indem du vorsichtig oben an den Schlaufen ziehst, und verknote die Kettfadenenden.

10 Sichere die oberen Enden des Schussfadens, indem du in die Schlaufen einen Knoten machst.

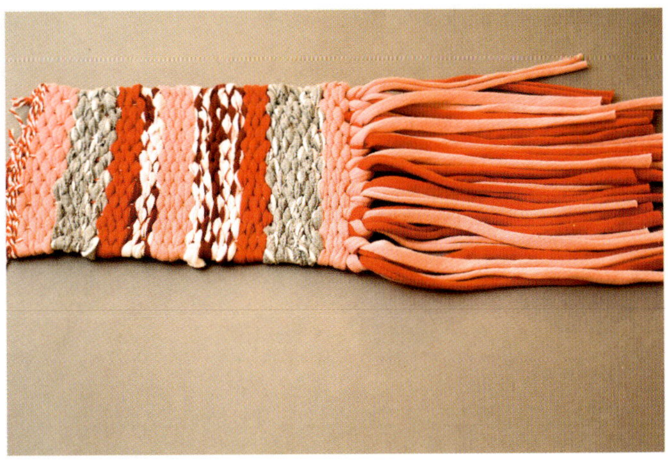

11 Schneide die Schlaufen auf und kürze die Fransen auf die gleiche Länge.

12 Schneide ein Stück Schnur ab, das etwas länger als dein Webstück breit ist. Knote die beiden Enden an die äußeren Fransen am oberen Rand.

13 Schiebe ein Stöckchen oder einen Zweig hindurch und wickele die Schnur ein paar Mal darum herum.

Dein Wandbehang kann nun aufgehängt werden!

9. Täschchen aus alten Kissenbezügen

Material
Eckiger Webrahmen
Großer Knopf
Webgarn aus alten Kissenbezügen
Nähnadel
Schere
Tapisserienadel
Trennstab aus Holz
Baumwollschnur für den Kettfaden

Für dieses tolle kleine Täschchen kann man alte Kissenbezüge oder Stoffreste verwerten. Mit einem großen Knopf verleihst du ihm einen besonderen Blickfang.

Auch in diesem ungewöhnlichen Projekt verwerten wir Stoff wieder. Fertige das Garn genauso an, wie ich es für das Plastikgarn auf den Seiten 19–21 erklärt habe. Schneide erst die Saumkante ab und lege den Bezug so hin, dass die verbundenen Seiten oben und unten liegen. Schneide ihn dann in Streifen und widme dich zum Schluss den Verbindungsstellen, sodass du ein langes Garn erhältst.

1 Bespanne den Webrahmen mit der Baumwollschnur. Fädele das Stoffgarn auf die Tapisserienadel und beginne damit zu weben.

Tipp
Vergiss nicht, das Garnende zu verweben.

2 Webe bis zum oberen Rand des Rahmens und schiebe die Fäden mit den Fingern immer wieder fest zusammen.

Tipp
Schiebe den Schussfaden regelmäßig nach unten, damit eine dichte Struktur entsteht.

3 Schneide den am Rahmen verknoteten Kettfaden auf und löse vorsichtig die Schlaufen von den „Zähnen".

4 Verknote auf beiden Seiten des Webstücks das Fadenende mit dem danebenliegenden Kettfaden.

5 Schiebe mit den Fingern die Schussfäden nach unten und verteile sie gleichmäßig. Wiederhole dies auf der Rückseite.

6 Schneide ein Stück Baumwollschnur ab, das etwa viermal so lang wie das Webstück breit ist, und fädele es in die Nähnadel.

7 Drehe das Webstück um, sodass die Rückseite nach oben zeigt, und falte es in der Mitte.

8 Befestige die Baumwollschnur an der ersten Kettfadenschlaufe und nähe die obere und untere Webkante zusammen.

9 Nähe die Kanten zusammen, indem du mit der Nadel durch die Schlaufen des Kettfadens stichst.

10 Wenn du die Seite komplett zugenäht hast, verknote den Faden fest an der letzten Kettfadenschlaufe.

11 Stich dann mit der Nadel nach innen in das Täschchen und schneide den Faden etwa 15 mm lang ab.

12 Schneide noch einen Baumwollfaden zurecht und fädele ihn in die Nadel. Nähe jetzt eine der Seiten zusammen sichere den Faden wieder zuerst an einer Kettfadenschlaufe.

13 Nähe die beiden Weblagen zusammen, indem du unter den außen liegenden Kettfäden hindurchstichst.

Tipp
Verknote den Baumwollfaden am Schluss mit dem Kettfaden. Verstecke den Knoten, indem du ihn mit der Nadel nach innen in das Täschchen ziehst. Schneide den Faden dann ab und lass ihn ein kleines Stück stehen.

14 Nähe den großen Knopf mittig oben an die offene Kante.

15 Schneide ein Stück Stoffgarn zurecht, das etwa doppelt so lang wie das Täschchen breit ist.

16 Schiebe die Schussfäden in der Mitte am oberen Rand der Taschenrückseite mit den Fingern etwas auseinander, stecke das Stoffgarn ein Stückchen durch die Lücke und verknote das Ende.

17 Jetzt kannst du dein Täschchen verschließen, indem du das Garn um den Knopf wickelst.

10. Tischset mit Querstreifen aus T-Shirt-Garn

Material
T-Shirt-Garn in 3 Farben
Eckiger Webrahmen
Schere
Tapisserienadel
Baumwollschnur für den Kettfaden

Dieses Projekt geht schnell und einfach. Aus verschiedenfarbigen Schussfäden weben wir bunte Querstreifen. Wenn du aus alten T-Shirts Garn anfertigst, nimm am besten grelle Farben, dann werden deine Streifen besonders auffällig.

Diese farbenfrohe Untersetzer und Tischsets kannst du ganz umweltfreundlich aus alten Materialien anfertigen. Und dazu sind sie auch noch sehr nützlich!

1 Bespanne deinen Webrahmen. Schneide das T-Shirt-Garn in Streifen, die etwas länger als dein Webrahmen breit sind.

Tipp
Schneide von deiner Lieblingsfarbe etwas mehr Streifen zu und verwende sie als Grundfarbe.

2 Webe die erste Reihe in der Grundfarbe und schiebe den Streifen mit den Fingern nach unten. Lass das Garn an beiden Seiten ungefähr gleich weit überstehen. Webe dann den nächsten Streifen in einer anderen Farbe – bei mir Blau – und schiebe ihn mit den Fingern nach unten.

3 Wiederhole dies und webe so bis ungefähr zur Mitte des Webrahmens.

4 Webe dann zwei Reihen in der Grundfarbe und arbeite dann wie zuvor mit den beiden Farben im Wechsel weiter.

5 Wenn zwei Drittel der Fläche gewebt sind, webe noch eine Reihe in der Grundfarbe und mache dann mit der dritten Farbe weiter – hier ist das Gelb.

Tipp

Vergiss nicht, die Schussfadenreihen immer wieder mit den Fingern nach unten zu schieben.

6 Wenn dir die Größe des Tischsets gefällt, schneide das verknotete Ende des Kettfadens auf und nimm das Webstück vom Rahmen.

7 Verknote die losen Enden des Kettfadens mit den danebenliegenden Schlaufen.

8 Ziehe vorsichtig an den oberen Kettfadenschlaufen. Hierdurch ziehen sich die unteren Kettfadenschlaufen zusammen und du sicherst so die unteren Schussfäden. Verknote die oberen Schlaufen, um auch die oberen Schussfäden zu sichern.

9 Schneide die Schlaufen zu kurzen Fransen zurück.

Fertig!
Hänge dein Webstück an die Wand oder benutze es als Untersetzer oder Tischset.

11. Tischset „Schnecke“ aus Plastikgarn

Material
Webgarn aus 3 Plastiktüten
Stickring
Farbiges Papier
Filzstift
Bleistift und Radiergummi
Schere
Klebestift
Baumwollschnur für den Kettfaden

Witzige Projekte, für die man Plastiktüten recyceln kann, hatten noch nie eine so große Bedeutung wie heute. Verwende diese Technik für dekorative und praktische Basteleien.

Dies ist ein schnelles und witziges Projekt, für das du Plastiktüten recyceln kannst. Stelle das Garn gemäß der Anleitung auf den Seiten 19–21 her. Ich habe eine Schnecke gemacht, aber du kannst auch ein anderes Tier basteln. Verwende das fertige Webstück zum Beispiel als Bäuchlein eines Bären.

1 Bespanne den Stickring mit der Baumwollschnur, folge dafür der Anleitung auf den Seiten 12–13. Beginne dann in der Mitte zu weben.

2 Webe weiter. Wenn du möchtest, kannst du Plastikgarn in verschiedenen Farben verwenden. Dann wird deine Schnecke ganz bunt.

Tipp
Da in den letzten Reihen die Abstände zwischen den Kettfäden größer werden, kannst du dann doppelt, dreimal oder viermal so lange Garnstreifen wie am Anfang verwenden.

3 Webe weiter, bis der Rahmen ausgefüllt ist. Entferne dann den äußeren Ring und schneide die Kettfadenschlaufen auf.

4 Schiebe die Schussfäden vorsichtig Richtung Mitte und verknote jeweils zwei Kettfadenenden miteinander, um so die Schussfäden zu sichern.

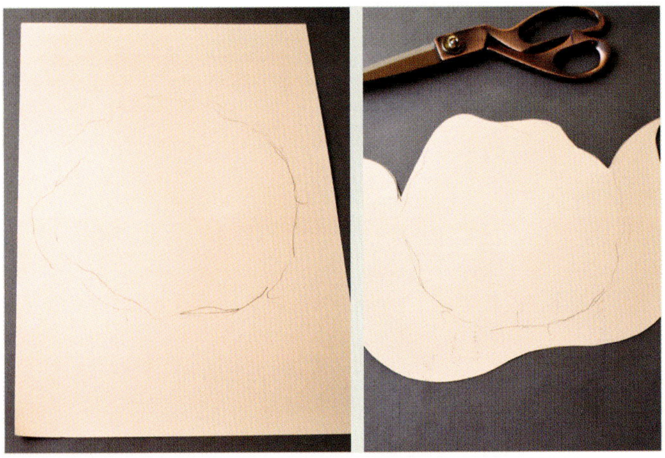

5 Übertrage die Konturen des Webstücks - das Schneckenhaus - auf das farbige Papier. Zeichne mit dem Bleistift den Körper und schneide die Schnecke aus.

6 Bestreiche den Bereich des Schneckenhauses auf dem Papier mit Kleber und lege das Webstück mit der schönen Seite nach oben darauf. Wenn die Schnecke stabiler sein soll, verwende anstelle des Papiers dickere Pappe. Oder zeichne die Schnecke auf einem alten Karton nach und klebe sie darauf.

7 Zeichne mit einem Filzstift Augen und Mund auf und radiere dann alle Bleistiftreste aus. Du kannst die Schnecke noch mit Pompoms verzieren oder Pfeifenputzer als Fühler hinzufügen.

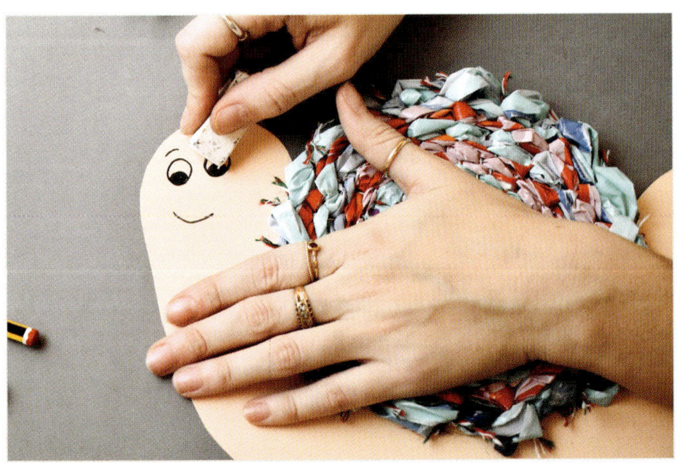

12. Wandbehang „Sonne“

Material
3–6 verschiedene Strickgarne/ T-Shirt-Garn/Bänder in Gelb- und Orangetönen
Stickring und Schere
Baumwollschnur für den Kettfaden

Hole mit diesem leuchtend-gelben Wandbehang die Sonne in dein Zimmer. Fertige Sonnen in jeder beliebigen Größe an. Je größer, desto besser!

Dies ist ein einfaches, aber bezauberndes Webprojekt mit T-Shirt-Garn. Auf den Seiten 19–21 zeige ich dir, wie man das Garn herstellt. Nimm am besten helle, sonnige Farben. Sie verleihen deinem Zimmer einen leuchtenden Farbtupfer.

1 Bespanne den Stickring mit der Baumwollschnur (siehe Seiten 12–13). Beginne dann, in der Mitte mit dem Garn im leuchtendsten Orangeton zu weben.

2 Webe dann mit den anderen orangefarbenen Garnen weiter, beginne mit dem dunkelsten und ende mit dem hellsten. Wechsele dann zu den Gelbtönen, starte auch hier mit dem dunkelsten und ende mit dem hellsten Gelb. Wenn der Ring ausgefüllt ist, entferne den äußeren Stickring.

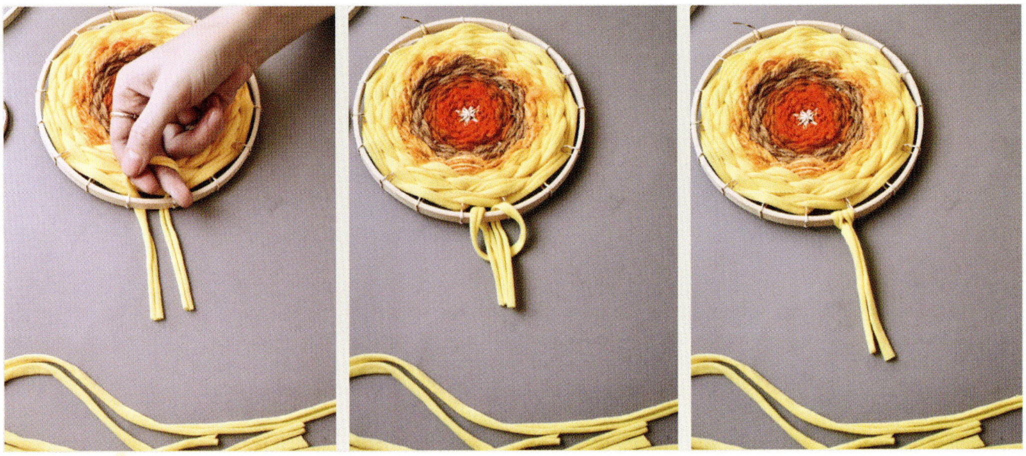

3 Schneide ein paar Garnstücke vom hellsten Gelb zurecht und bringe damit rund um den Stickring Fransen als Sonnenstrahlen an. Die Wirkung ist besonders schön, wenn sie nicht alle gleich lang sind.

4 Arbeite weiter, bis der Ring ringsum mit Fransen besetzt ist.

5 Befestige zum Schluss noch einen langen Streifen als Aufhängung am Stickring. Daran kannst du die Sonne aufhängen.

13. Stuhlkissen mit Fransen

Material
2–3 T-Shirt-Garne in verschiedenen Farben
Baumwoll- oder Leinenkordel
Stickring und Schere
Stoffreste oder -bänder
Baumwollschnur für den Kettfaden

Mach es dir bequem! Bastele dir ein schönes, weiches Polster für deinen Sessel oder Stuhl. Als Schussfaden verwenden wir diesmal Stoffreste und T-Shirt-Garn. Frage deine Eltern, ob es in Ordnung ist, wenn du die alten T-Shirts zerschneidest. Dieses Projekt ist kinderleicht, und das Kissen sieht in deinem Zimmer bestimmt toll aus.

Mit diesem hübschen Sitzkissen wird ein harter Holzstuhl viel bequemer. Wähle die Farben passend zu deiner Einrichtung und hab viel Spaß beim Weben!

1 Bespanne den Ring mit der Baumwollschnur, folge dafür der Anleitung auf den Seiten 12–13. Wähle eine Farbe für die Mitte aus – am besten die dunkelste – und beginne zu weben. Wechsele dann die Farben ab und erzeuge so ein hübsches Muster. Ich habe hauptsächlich helle Farben verwendet, aber auch Rot, Rosa und Blau.

2 Das Webstück wirkt besonders interessant, wenn du ihm etwas Struktur verleihst. Wähle dafür unterschiedliche Materialien aus – ein paar alte Stoffstreifen führen etwa zu ganz überraschenden Effekten, die sich sehr gut machen. Achte darauf, dass das Webstück nicht zu uneben wird, sonst sitzt man nicht bequem darauf.

3 Webe ein paar Runden mit der Kordel. Aber verwebe diesmal die Enden nicht, sondern lass sie nach oben herausragen. So entstehen Fransen auf der Oberseite, die dem Kissen noch mehr Struktur verleihen.

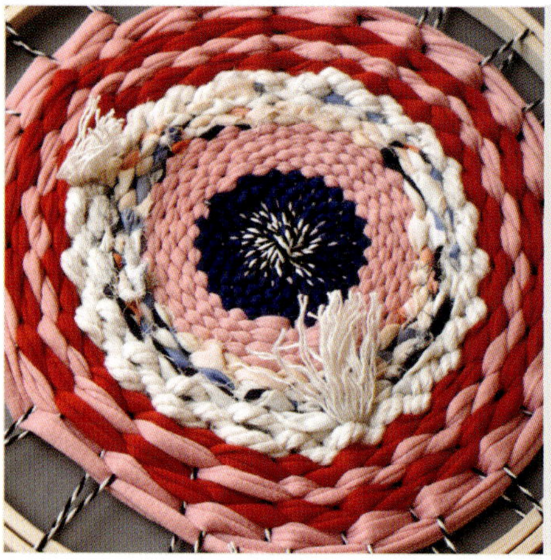

4 Webe dein Muster weiter, bis der Stickring fast gefüllt ist. Arbeite noch einen Streifen in der Farbe, mit der du in der Mitte begonnen hast, und webe dann eine letzte Runde mit dem T-Shirt-Garn.

5 Entferne den äußeren Ring und schneide die Kettfadenschlaufen auf. Verknote die Enden dann paarweise.

6 Schneide nun Stoffstreifen zurecht, ziehe sie zwischen den letzten beiden gewebten Reihen durch das Webstück und verknote sie außen.

7 Schneide die Enden der Kordel zurück, sodass auf der Oberseite ein paar kurze Fransen zu sehen sind. Und schon bist du fertig!

14. Regenbogen & Wolke

Material

Strickgarn in 5–6 verschiedenen Farben
Flauschige Wolle (oder Wattestreifen)
Stickring und Schere
Nähnadel
Tapisserienadel
Baumwollschnur für den Kettfaden

Dieser Regenbogen-Wolken-Wandbehang ist ein toller Blickfang für dein Zimmer. Das Projekt ist schnell umgesetzt und macht richtig Spaß. Probiere für den Regenbogen verschiedene Farbkombinationen aus und betrachte deren Wirkung. Sei kreativ! Beim Basteln gibt es keine Regeln.

Dieses Webstück heitert mit seinen freundlichen und leuchtenden Farben jeden auf. Um es noch zu verschönern, kannst du als Regentropfen ein paar Pompoms daran befestigen.

Vorschlag

Wenn du es schwierig findest, mit der Tapisserienadel zu arbeiten, nimm stattdessen eine Nähnadel oder deine Finger. Webe und arbeite so, wie es dir am besten liegt und Spaß macht.

Tipp

Vergiss nicht, die Fadenenden wie auf Seite 17 beschrieben zu verweben. Achte darauf, dass sich die losen Enden auf der Rückseite des Webstücks befinden, damit man sie nicht sieht.

1 Bespanne den Stickring mit der Baumwollschnur, folge dafür der Anleitung auf den Seiten 12–13. Dieses Projekt wird in zwei Hälften gewebt: zuerst der obere Teil, dann der untere. Fädele die erste Farbe für den Regenbogen in die Nadel – ich habe mit Dunkelblau begonnen. Webe damit drei oder vier Reihen nur auf der oberen Hälfte des Rings und führe den Faden wie gewohnt über und unter die Kettfäden. Schneide ihn dann ab, lass das lose Fadenende auf der Rückseite etwas überstehen.

2 Webe dann in den anderen Farben weiter. Vergiss nicht, die Fadenenden auf die Rückseite des Webstücks zu legen, wenn du die Farbe wechselst. Ich habe jeweils ein paar Reihen in den Farben Hellblau, Gelb und Rot gearbeitet.

3 Webe nun mit der letzten Farbe bis zum Rand und entferne dann den äußeren Rahmen des Stickrings. Umwickle mit dem Faden den inneren Stickring und verstecke ihn so. Fahre damit fort, bis der Ring oberhalb des Regenbogens komplett umwickelt ist. Schneide den Faden dann ab, verknote ihn und lege das Fadenende auf die Rückseite.

4 Webe nun mit der flauschigen Wolle in die erste Reihe. Ziehe die Wolle mit den Fingern vorsichtig zwischen den Kettfäden hoch, sodass flauschige, wolkige Schlaufen auf der Oberfläche entstehen.

> **Tipp**
>
> Vergiss nicht, die mit Wolle gewebten Reihen immer wieder zusammenzuschieben, damit das Gewebe schön fest wird.

5 Wenn du in den weiteren Reihen die Webrichtung wechselst, dann arbeite die Wolle in den Regenbogen hinein, damit zwischen ihm und der Wolke keine Lücken entstehen. Fahre so fort, bis die untere Hälfte des Rings ausgefüllt ist.

6 Umwickele mit dem Ende der weißen Wolle den Stickring, sodass das Holz danach nicht mehr zu sehen ist.

7 Schneide ein Stück vom Garn ab, mit dem du die äußeren Reihen des Regenbogens gearbeitet hast, – hier Pink – und drehe das Webstück um, sodass dessen Rückseite oben liegt. Schiebe mit den Fingern den äußersten Schussfaden ein wenig nach innen und ziehe das Garnstück unter dem Ring hindurch. Ziehe die losen Enden durch die Schlaufe und verknote die Enden. Jetzt kannst du deinen Wandbehang daran aufhängen.

Prima, dein Regenbogen-Wolken-Webstück ist fertig!

15. Traumfänger aus Stoffstreifen

Material
1 großer Stickring
1 kleiner Stickring und Schere
2 verschiedene Baumwollschnüre für die Kettfäden
Band/Stoffstreifen in 5–7 verschiedenen Farben
Perlen/Steine
Blätter/Federn

Bei diesem Projekt wird weniger als bei den anderen in diesem Buch gewebt, aber es ist ein echter Blickfang. Verwende für den Traumfänger alte Stoffreste und gestalte ihn so bunt wie möglich.

Hänge den Traumfänger über dein Bett oder ans Fenster, damit er das Licht einfängt und die Bänder im Wind wehen können.

1 Bespanne den kleinen Stickring mit der Baumwollschnur, folge dafür der Anleitung auf den Seiten 12–13. Schneide ein Stück von dem Kettfaden für den großen Ring ab. Keine Sorge, falls es zu kurz ist, kannst du später noch mehr anfügen.
Das Bespannen des großen Stickrings ist etwas kniffelig – habe Geduld, dann wirst du die richtige Fadenspannung herausfinden..

2 Bespanne den Bereich zwischen den beiden Stickringen rundum mit Garn, bis er dir gefällt Verknote die Fäden dann am äußeren Ring.

3 Webe mit einem bunten Band ein paar Reihen im inneren Ring, aber nicht zu viele.

4 Schneide ein langes Stück von demselben Band ab, falte es mittig und lege die Schlaufe um den äußeren Stickring. Ziehe dann die losen Enden durch die Schlaufe und ziehe sie fest. Das ist die mittlere Franse.

5 Schneide von den übrigen bunten Bändern jeweils zwei Stück zurecht. Sie sollten ungefähr genauso lang wie das für die erste Franse sein. Befestige sie links und rechts von der ersten Franse am äußeren Stickring. Füge auf beiden Seiten gleich viele Fransen hinzu, damit sich die erste auch am Schluss noch in der Mitte befindet.

6 Fädele Perlen auf die Fransenenden und sichere sie jeweils mit einem Knoten. So werden die Fransen schwerer und hängen nach unten – außerdem sehen sie so schöner aus.

7 Füge jetzt noch weitere Materialien hinzu, etwa Blätter, Federn oder was auch immer dir ins Auge springt. Schneide ein Stück der Schnur ab, die du als Kettfaden für den äußeren Ring verwendet hast. Es sollte etwas kürzer als die Fransen sein. Fädele die Schnur in eine Nadel und stich damit durch das Blatt. Verknote das Fadenende auf der Rückseite. Befestige den Faden dann zwischen den Fransen am Ring. Wiederhole das, so oft du möchtest.

Dein Traumfänger ist fertig. Hänge ihn an eine Stelle, wo er im Wind tanzen und funkeln kann!